SAI CHOLLETI'S

Indische Küche

SCHNELL – GESUND – VEGETARISCH

Innere Studien Verlag

Bestandteile unserer Nahrung

1. Ballaststoffe

sind der unverdauliche Teil, sie regen die Verdauung an und absorbieren zugleich Schadstoffe.

Beispiele: Obst, Gemüse und Vollkorngetreide

2. Kohlenhydrate

sind der Hauptenergielieferant in unserer Nahrung. Viele Kohlenhydrate werden in unserem Körper in Zucker umgewandelt. Einfache Kohlenhydrate wie Zucker oder Alkohol liefern nur leere Kalorien. In vollwertiger Form wirken sie zusammen mit Ballaststoffen und regen die Darmtätigkeit an.

Beispiele: Brot, Kartoffeln, Reis

3. Fette

Der Körper braucht Fette, um fettlösliche Vitamine zu speichern. Es gibt gesättigte und ungesättigte Fettsäuren. Gesättigte finden sich hauptsächlich in tierischen Produkten. Die Fettsäuren in Obst, Gemüse und Nüssen sind ungesättigt.

Beispiele: Oliven, Mais, pflanzliche Öle, Nüsse

4. Proteine (Eiweiß)

bestehen aus Aminosäuren, welche stickstoffhaltige Verbindungen sind. Diese sind für die Bildung von neuen Zellen und Geweben notwendig. Tierisches und pflanzliches Eiweiß unterscheiden sich durch die Zusammensetzung der verschiedenen Aminosäuren.

Beispiele: Nüsse, Sonnenblumenkerne, Hülsenfrüchte

5. Vitamine und Mineralstoffe

Pflanzen produzieren Vitamine und nehmen Mineralstoffe auf.

Beispiele: Rote Paprika – Eisen, Zitronen – Vitamin C, Spargel – Folsäure, Sellerie – Natrium

Nahrung und Lebensenergie

Nahrung ist Energie und Energie ist Leben. Die Nahrung, die wir zu uns nehmen, hat eine beträchtliche Wirkung auf uns. Es ist sinnvoller, den Wert der Nahrung nicht nach Kalorien und Inhaltsstoffen zu messen, sondern nach dem Grad der Natürlichkeit und Lebendigkeit bzw. der darin enthaltenen Sonnenenergie. Wenn wir wieder mehr auf die Sprache unseres Körpers achten, finden wir schnell heraus, was uns nährt und entwickelt.

Vegetarische Ernährung

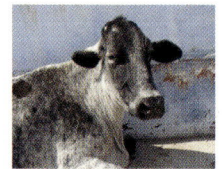

Für den menschlichen Körper sind übermäßige Mengen von tierischem Eiweiß nicht gut verträglich. Zuviel tierisches Eiweiß macht die Zellwände hart und unelastisch und somit wird der Transport von allen Nährstoffen verringert.

Demzufolge wird auch die Entgiftung über Leber, Nieren und Darm erschwert. Dies kann ernährungsbedingten Krankheiten, wie Erkrankungen des rheumatischen Formenkreises, Herz-/Kreislauferkrankungen und andere zur Folge haben.

Der gesamte Eiweißbedarf des Menschen kann über pflanzliches Eiweiß gedeckt werden. Auch ist wissenschaftlich erwiesen, dass pflanzliches Eiweiß den Cholesterinspiegel senkt.

Pflanzliches Eiweiß ist vor allem in Nüssen, Samen, Vollkornprodukten und in allen Hülsenfrüchten enthalten.

Biologen und Ernährungs-wissenschaftler sind der Meinung, dass der menschliche Darm nicht für die Fleischverdauung geschaffen ist. Fleischfressende Tiere haben einen kurzen Darmtrakt, sodass die Exkremente den Körper schnell wieder verlassen können. Die Darmlänge von Pflanzenfressern beträgt das Sechsfache der Körperlänge.

Der Mensch ist mit seinem Darm als Pflanzenfresser ausgerüstet. Wenn der Mensch nun Fleisch zu sich nimmt, verweilt dieses lange im Darm und es kann geschehen, dass Toxine die Nieren überlasten und so die Entstehung von Gicht, Rheuma, Arthritis oder sogar Krebs begünstigt wird.

Ein weiterer Grund kein Fleisch zu essen sind die
Chemikalien zur Konservierung. Wenn ein Tier ge-
schlachtet wird, beginnt das Fleisch sofort sich zu
zersetzen. Und da es nach ein paar Tagen bereits sehr
unschön aussieht, wird es von der Fleischindustrie
mit Nitriten und Nitraten behandelt, damit es wieder
eine schöne rote Farbe bekommt. Viele dieser Stoffe
sind krebserregend. Außerdem werden die Tiere zu
Lebzeiten mit Antibiotika und Hormonen sowie oft
auch mit Beruhigungsmitteln gefüttert.

Unser Körper braucht Nahrung als Brennstoff, um
Energie zu erzeugen. Eine vegetarische Ernährungs-
weise liefert zum einen den Brennstoff, damit der
Körper reibungslos funktioniert, und zum
anderen die meiste Energie.

Ayurvedische Ernährung

Die einzige Funktion der Nahrung besteht darin, die Lebensdauer zu verlängern, den Geist zu reinigen und dem Körper Kraft zu geben.

In der Ayurvedischen Lehre und den Yoga-Schriften unterscheidet man drei Arten von Nahrung: Tamas (träge, unrein), Rajas (anregend), Sattva (rein).

Tamas

Hierzu gehören Fleisch, Eier, Alkohol, frittierte Lebensmittel und aufgewärmte Speisen. Sie schwächen den Körper, verringern die Wahrnehmung und die geistige Aktivität, fördern Faulheit und Schläfrigkeit.

Rajas

Solche Speisen sind bitter, sauer, salzig, scharf oder beißend, trocken und brennend. Sie werden von Menschen geschätzt, die sehr rastlos und geschäftig sind und Reichtum begehren. Sie verursachen Schmerz und Leid, machen den Geist unruhig und überaktiv, erwecken animalische Leidenschaften.

Sattva

Diese Speisen sind frisch und saftig, fetthaltig, mäßig gewürzt und bekömmlich. Sie erfreuen das Herz, verlängern die Lebensdauer, geben Kraft, Gesundheit, Glück und Zufriedenheit. Sattva bringt Helligkeit, Freude, Reinheit, Stärke und Frieden ins Leben.

Wenn man also den Geist rein halten und gesund, ruhig, heiter und gelassen sein möchte, sollte man sich der sattvischen Ernährung zuwenden. Diese Ernährung ist auch ein wichtiger Bestandteil auf dem Weg des Yoga.

Das Wesen des Yoga

Auch im Westen haben wir erkannt, dass die Körper-
übungen des Hatha-Yoga ein geniales Gesundheits-
system darstellen, weil sie tief in die Körperlichkeit
eingreifen und darüber hinaus unser seelisch-geisti-
ges Wesen berühren und günstig beeinflussen.

Yoga ist das Gegenteil von Bewegung, näm-
lich Ruhe. Er entspricht dem zum Zentrum
hinstrebenden Prinzip, dem nach innen ge-
kehrten, in sich selbst ruhenden Menschen.
Seine ganze Schulung geht dahin, in unserem
vegetativen Nervensystem den Parasympha-
tikus – diesen großen Dämpfer, Beruhiger und Ver-
tiefer des Organismus – gegenüber dem dranghaften,
hastigen, rastlosen Symphathikus zu unterstützen und
somit aufbauende, lebensverlängernde Elemente in
uns wachzurufen. Er besteht deshalb nicht aus Bewe-
gungen, sondern Stellungen (Asanas), in denen man
möglichst lange (mitunter mehrere Minuten) möglichst unbeweglich, konzentriert und doch entspannt,
d.h. mit einem Minimum an Kraftaufwand, verweilt.

Die Rezepte

Reis

Der Reis ist das Hauptnahrungsmittel der Menschen in Indien.
Wenn bei der Entspelzung der Reis von der unverdaulichen Strohhülse befreit wurde,
spricht man vom Halbrohreis. Der Halbrohreis beinhaltet den Keim und ist von einem
Silberhäutchen umgeben. Dieses Silberhäutchen enthält Eiweiß, Fett, Vitamine
und andere Nährstoffe.

Der Halbrohreis wird auch Naturreis genannt. Er ist immer ungeschält
und unpoliert und ist daher ein vollwertiges Nahrungsmittel.

Der weiße Reis hingegen ist geschält und poliert und enthält kaum noch Nährstoffe.
Für die indischen Gerichten empfehlen wir Naturreis oder Basmatireis.
Diese Reissorten haben eine hohe Qualität, sodass wir auf die Zugabe von
Salz verzichten können.

Reis (einfach)

1 Tasse Reis (Kaffeetasse – etwa 200 ccm)
1 EL Öl oder Ghee
1 1/2 Tassen heißes Wasser

Öl in einem Topf erhitzen und
den gewaschenen Reis in das heiße Öl geben,
umrühren und kurz anbraten.

Heißes Wasser dazugeben,
umrühren und aufkochen lassen.
Eine weitere Herdplatte auf Stufe 1 erhitzen und
den Reis bei geschlossenem Deckel auf dieser Platte 13 Minuten garen.
Kein Salz zufügen (in der Zwischenzeit den Deckel nicht öffnen).

1 Tasse Reis ist aussreichend für ca. 2 Personen.

Gemüsereis

1 Tasse Reis
4 TL Butter oder Ghee
1 große Kartoffel
100 g Blumenkohl
100 g Bohnen
50 g Erbsen

3 Curry-Blätter
3 Nelken
1 TL Garam Masala
1 Prise Kardamonpulver nach Bedarf
1 1/2 Tassen heißes Wasser

Kartoffeln, Blumenkohl und Bohnen waschen und kleinschneiden.

Butter oder Ghee im Topf erhitzen.
Gemüse und Kartoffeln dazugeben und anbraten.
Curry-Blätter, Nelken und Garam Masala zu dem Gemüse geben und
bei geschlossenem Deckel 2 Minuten dünsten.

Den gewaschenen Reis dazugeben und gut mischen.
Das heiße Wasser in den Topf geben und aufkochen.
Eine weitere Herdplatte auf Stufe 1 erhitzen und den Gemüsereis
bei geschlossenem Deckel auf dieser Platte 13 Minuten garen.

Für Kinder ohne Nelken und Curry-Blätter zubereiten oder eventuell
vorher entfernen.

Reis mit Kreuzkümmel (Jeera)

1 Tasse Reis
2 TL Butter oder Ghee
1 TL Kreuzkümmel
2 Kardamonkapseln
3 Nelken
3 Curry–Blätter
1 1/2 Tassen heißes Wasser

Butter oder Ghee in einem Topf erhitzen.
Gewürze im Öl leicht anschwitzen.

Den gewaschenen Reis hinzufügen,
mit den Gewürzen mischen und kurz
anbraten.

Das heiße Wasser hinzufügen,
umrühren und aufkochen lassen.

Eine weitere Herdplatte auf
Stufe 1 erhitzen und den Reis bei
geschlossenem Deckel auf dieser
Platte 13 Minuten garen.

Kein Salz hinzufügen.
In der Zwischenzeit den Deckel
nicht öffnen.

Safran-Reis

1 Tasse Reis
1 EL Öl oder Ghee
5 g Safran-Fäden
1 1/2 Tassen heißes Wasser
1/2 Espresso-Tasse warme Milch

Öl in einem Topf erhitzen und den
gewaschenen Reis in das heiße Öl geben,
umrühren und kurz anbraten.

Das heiße Wasser dazugeben, umrühren und aufkochen lassen.
Eine weitere Herdplatte auf Stufe 1 erhitzen und den Reis bei geschlossenem
Deckel auf dieser Platte 10 Minuten garen.

Eine Espresso-Tasse zur Hälfte mit warmer Milch füllen,
Safran-Fäden dazugeben und in der Milch auflösen.

Das Milch-Safrangemisch zu dem Reis geben.
Danach bei geschlossenem Deckel noch 3 Minuten weitergaren.

Linsensuppe (Daal)

(unter Daal versteht man gespaltene gelbe Bohnen oder gelbe/rote Linsen)

1 EL Butter oder Ghee
1/2 Tasse rote Linsen
1/2 TL Jeera (Kreuzkümmel)
1/2 TL Senfsamen
1/2 TL Kurkuma

1 kl. Dose Tomatensauce oder 3 El Tomatenpüree
3 1/2 Tassen Wasser
1/2 TL Salz
frischer Koriander

Butter oder Ghee im Topf erhitzen.
Kreuzkümmel, Senfsamen und Kurkuma in der Butter anbraten.
Das Öl muss so heiß sein, dass die Senfsamenkörner im Topf springen.

Dann die Linsen hinzufügen und gut durchbraten.

Wasser und Tomatensauce hinzufügen und aufkochen lassen.
Auf kleiner Stufe 15 Minuten köcheln lassen.

Mit Salz abschmecken.
Etwas frisches Koriandergrün hinzufügen sowie Wasser nach Bedarf.

Mung-Daal

2–3 TL Öl oder Ghee
1/2 Tasse Daal
1/2 TL Kreuzkümmel
1/4 TL Senfsamen
1/2 TL Kurkuma

1/2 TL Ingwerpaste (optional, siehe Rezept S. 42)
1 1/2 Tassen heißes Wasser
1/2 TL Korianderpulver
1/4 TL Garam Masala
1 TL Salz

Alle Gewürze (außer Korianderpulver und Garam Masala)
in heißem Öl anschwitzen.
Das Öl muss so heiß sein, dass die Senfsamen springen.
Die Linsen waschen und zu den Gewürzen geben, umrühren und
1 Minute weiterbraten.

Das heiße Wasser dazugeben und aufkochen.
Eine weitere Herdplatte auf Stufe 1 erhitzen und den Topf auf dieser Platte
15 Minuten bei geschlossenem Deckel weitergaren.

Danach Deckel öffnen, Wasser des Deckels in den Topf abtropfen lassen,
Korianderpulver und Garam Masala dazugeben und umrühren.
Deckel für 2 Minuten wieder verschließen.

Anschließend mit Salz abschmecken.
Deckel für 2 Minuten
schließen.

Spinat-Daal

2-3 TL Öl oder Ghee
1/2 Tasse Daal
1/2 TL Kreuzkümmel
1/4 TL Senfsamen
1/2 TL Kurkuma
1/2 TL Ingwerpaste (optional)

200 g Blattspinat (frisch, alternativ: Tiefkühlspinat)
1 1/2 Tassen heißes Wasser
1/2 TL Korianderpulver
1/4 TL Garam Masala
1 TL Salz
1/4 TL Chilipulver

Alle Gewürze (außer Korianderpulver und Garam Masala)
in heißem Öl anschwitzen.
Das Öl muss so heiß sein, dass die Senfsamen springen.
Die Linsen waschen und zusammen mit dem Spinat
zu den Gewürzen geben, umrühren und 1 Minute weiterbraten.

Das heiße Wasser dazugeben und aufkochen.
Eine weitere Herdplatte auf Stufe 1 erhitzen und den Topf auf dieser Platte
15 Minuten bei geschlossenem Deckel weitergaren.

Danach Deckel öffnen, Wasser des Deckels in den
Topf abtropfen lassen, Korianderpulver und
Garam Masala dazugeben und umrühren.
Deckel für 2 Minuten wieder verschließen.
Anschließend mit Salz abschmecken.
Deckel für 2 Minuten schließen.

Eventuell noch etwas
Wasser dazugeben.

Wer es scharf mag,
noch mit Chilipulver
abschmecken.

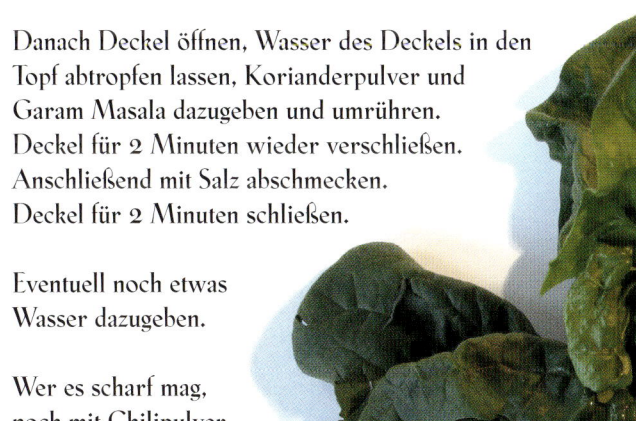

Tomaten-Daal

2-3 TL Öl oder Ghee
1/2 Tasse Daal (rote Linsen)
1/2 TL Kreuzkümmel
1/4 TL Senfsamen
1/2 TL Kurkuma
1/2 TL Ingwerpaste (optional)

4 Tomaten oder 100 g Tomatenstückchen (Dose)
1 1/2 Tassen heißes Wasser
1/2 TL Korianderpulver
1/4 TL Garam Masala
1 TL Salz

Öl im Topf erhitzen und die Gewürze (außer Korianderpulver und
Garam Masala) in dem heißen Öl anschwitzen.
Die Linsen waschen und mit den Tomaten zu den Gewürzen geben,
umrühren und 1 Minute weiterbraten.
Bei Bedarf auch die Ingwerpaste zugeben.

Das heiße Wasser dazugeben und aufkochen.
Eine weitere Herdplatte auf Stufe 1 erhitzen und den Topf auf dieser Platte
15 Minuten bei geschlossenem Deckel weitergaren.

Danach Deckel öffnen, Wasser des Deckels in den Topf abtropfen lassen,
Korianderpulver und Garam Masala dazugeben und umrühren.
Deckel für 2 Minuten wieder verschließen.

Anschließend mit Salz abschmecken.
2 Minuten Deckel schließen.

Gedünsteter Paprika

4 EL Öl
250 g gelber Spitzpaprika
1 TL Korianderpulver
1 TL Garam Masala
1/2 TL Salz

Den Spitzpaprika durchschneiden,
Körner und Fasern entfernen
und in ca. 5 cm große Stücke schneiden.

Das Öl im Topf erhitzen und den Paprika
in das heiße Öl geben und scharf anbraten.

Korianderpulver und Garam Masala dazugeben und bei geschlossenem
Deckel 5 Minuten weiterbraten.

Deckel öffnen und Wasser des Deckels in den Topf abtropfen lassen.
Salz dazugeben und noch 2 Minuten bei geschlossenem Deckel fertigbraten.

Kartoffel-Blumenkohl-Curry

3 EL Öl oder Ghee
200 g Kartoffeln
300 g Blumenkohl mittelgroß
1/2 TL Kurkuma
1/4 TL Senfsamen
1/4 TL Kreuzkümmel
1/2 TL Ingwerpaste (optional)
100 g Joghurt, 3,5 % Fett
1 TL Garam Masala
1/2 TL Korianderpulver
1/2 TL Kreuzkümmelpulver
Chilipulver (optional)
1–2 TL Salz

Blumenkohl und Kartoffeln waschen und in mundgerechte Stücke schneiden.

Das Öl im Topf erhitzen. Kurkuma, Senfsamen, Kreuzkümmel und eventuell Ingwerpaste hinzufügen und anschwitzen.

Blumenkohl und Kartoffeln zu den Gewürzen geben und gut anbraten. Herdplatte auf niedrige Stufe herunterschalten (Vorsicht, brennt leicht an) und 8 Minuten bei geschlossenem Deckel dünsten.

Wenn die Kartoffeln fast gar sind, den Joghurt dazugeben, den Joghurtbecher nochmals zur Hälfte mit Wasser füllen und zu der Kartoffel-Blumenkohlmischung geben und gut verrühren. 2 Minuten bei geschlossenem Deckel dünsten.

Garam Marsala, Korianderpulver, Kreuzkümmelpulver und eventuell Chilipulver dazugeben.

Mit Salz abschmecken und nochmals bei geschlossenem Deckel 2–5 Minuten dünsten.

Spinat-Tomaten-Curry

2 EL Öl oder Ghee
300 g Blattspinat
300 g Tomaten oder
1 Dose geschälte Tomaten
1/4 TL Kurkuma
1/4 TL Senfsamen

1/2 TL Kreuzkümmel
1 TL Ingwerpaste (optional)
1/2 TL Garam Masala
1/2 TL Korianderpulver
Chilipulver (optional)
1–2 TL Salz

Spinat waschen, frische Tomaten schälen und beides klein schneiden.

Das Öl im Topf erhitzen.
Kurkuma, Senfsamen, Kreuzkümmel und eventuell Ingwerpaste hinzufügen
und anschwitzen.

Den Spinat hinzufügen und gut vermengen.
3–4 Minuten dünsten und dabei ab und zu umrühren,
dann die Tomaten dazugeben und mitdünsten.

Garam Marsala, Korianderpulver und eventuell
Chilipulver dazugeben und gut unterrühren.

1/2 Espresso-Tasse Wasser dazugeben und gut vermengen.
Bei geschlossenem Deckel auf kleiner Flamme 10 Minuten köcheln.
Mit Salz abschmecken.

Gemischtes Gemüsecurry

3 EL Öl oder Ghee
500 – 600 g gemischtes
Gemüse nach Wahl, z.B.:
Kartoffeln
Broccoli
Blumenkohl
Spinat (frisch)
Karotten
Rote Paprika
Auberginen
Zuccini
Grüne Bohnen

1/2 TL Kreuzkümmel
1/4 TL Senfsamen
1/2 TL Kurkuma
1/2 TL Ingwerpaste
1 TL Garam Masala
1 TL Korianderpulver
1–2 TL Salz

Gemüse waschen und kleinschneiden.

Öl im Topf erhitzen.
Kreuzkümmel und Senfsamen im Öl anschwitzen,
dann Kurkuma und Ingwerpaste dazugeben.

Kartoffeln und Blumenkohl zu den Gewürzen
geben und gut durchbraten.
Danach 1/4 Tasse Wasser hinzufügen und
bei geschlossenem Deckel ca. 2 Minuten
bei hoher Stufe weiterbraten.

Alle anderen Gemüsesorten hineingeben und
ebenfalls gut vermengen und auf kleiner Flamme
10 Minuten weiterdünsten.

Garam Masala, Koriander und Salz hinzufügen
und bei geschlossenem Deckel 5 Minuten garen.

Gemischtes Gemüsecurry mit Kokosmilch

3 EL Öl oder Ghee
500–600 g gemischtes
Gemüse nach Wahl, z.B.:
Kartoffeln
Broccoli
Blumenkohl
Spinat (frisch)
Karotten
Rote Paprika
Auberginen
Zuccini
Grüne Bohnen
Pilze

1/2 TL Kreuzkümmel
1/4 TL Senfsamen
1/2 TL Kurkuma
1/2 TL Ingwerpaste
150 ml Kokosmilch

Gemüse waschen und
kleinschneiden.

Öl im Topf
erhitzen.
Kreuzkümmel und
Senfsamen im Öl
anschwitzen,
dann Kurkuma und Ingwerpaste dazugeben.

Kartoffeln und Blumenkohl zu den Gewürzen geben
und gut durchbraten.
Bei geschlossenem Deckel ca. 2 Minuten
bei hoher Stufe weiterbraten.

Alle anderen Gemüsesorten hineingeben und
ebenfalls gut vermengen und auf kleiner Flamme
10 Minuten weiterdünsten.

150 ml Kokosmilch dazugeben und bei
geschlossenem Deckel noch 5 Minuten weitergaren.

Gemischtes Gemüsecurry mit Joghurtsauce

3 EL Öl oder Ghee
500–600 g gemischtes
Gemüse nach Wahl, z.B.:
Broccoli
Spinat (frisch)
Karotten
Rote Paprika
Auberginen
Zuccini
Grüne Bohnen

1/2 TL Kreuzkümmel
1/4 TL Senfsamen
1/2 TL Kurkuma
1/2 TL Ingwerpaste
2 TL Garam Masala
2 EL Tomatenpüree
100 g Joghurt

Gemüse waschen und kleinschneiden.
Öl im Topf erhitzen.
Kreuzkümmel und Senfsamen im Öl anschwitzen,
dann Kurkuma und Ingwerpaste dazugeben.
Kartoffeln und Blumenkohl zu den Gewürzen geben und gut durchbraten.
Bei geschlossenem Deckel ca. 2 Minuten bei hoher Stufe weiterbraten.
Alle anderen Gemüsesorten sowie Garam Masala und Tomatenpüree
hineingeben, gut vermengen und auf kleiner Flamme 10 Minuten weiterdünsten.

Den Joghurt hinzufügen, Joghurtbecher halb mit Wasser füllen und
ebenfalls zu dem Gemüse geben und gut umrühren.
Bei geschlossenem Deckel 5 Minuten bei kleiner Flamme garen.
Nicht mehr kochen.

Austernpilz-Curry

3 EL Öl oder Ghee
300 g Austernpilze
1/2 TL Kreuzkümmel
1/2 TL Kurkuma
2 EL Ingwerpaste

2 EL Tomatenpüree
2 TL Korianderpulver
1 TL Garam Masala
1/2 TL Chilipulver oder Paprikapulver
100 g Joghurt

Austernpilze waschen, klein schneiden und in Papier trocknen.

Öl im Topf erhitzen.
Kreuzkümmel, Kurkuma und Ingwerpaste im Öl anbraten.
Austernpilze dazugeben und bei geschlossenem Deckel 2 – 3 Minuten
auf hoher Stufe anbraten.

Tomatenpüree und die restlichen Gewürze zu den Austernpilzen geben und
gut durchbraten. Bei geschlossenem Deckel 1 Minute auf hoher Stufe,
anschließend auf kleiner Flamme weiterbraten.

100 g Joghurt und 100 g Wasser mischen,
zu den Austernpilzen geben und 4 – 5 Minuten
bei geschlossenem Deckel weiterschmoren.
Anschließend Salz zugeben.
Deckel wieder schließen und
1 Minute fertiggaren.

Tomaten–Eier–Curry

1 kg Tomaten
alternativ: geschälte Tomaten aus der Dose
100 g Tamarinde
3 EL Öl oder Ghee
1/4 TL Kreuzkümmel
1/4 TL Senfsamen

1/4 TL Kurkuma
1/2 TL Ingwerpaste
4 hartgekochte Eier
1 TL Korianderpulver
1/2 TL Garam Masala

Tomaten abbrühen, abziehen und klein schneiden.
In der Zwischenzeit die Tamarinde in 100 ml Wasser
einweichen und für ca. 10 Minuten aufkochen.

Öl im Topf erhitzen und Gewürze im Öl
anbraten. Tomaten hineingeben und gut
mischen. Bei geschlossenem
Deckel auf mittlerer
Stufe 5 Minuten
weiterbraten.

Danach den ausgedrückten
Saft der Tamarinde sowie
Korianderpulver und
Garam Masala hinzufügen.

Die hartgekochten Eier zu
den Tomaten geben. Bei
geschlossenem Deckel und
kleiner Flamme 5 Minuten
braten.

Danach mit Salz abschmecken.
Anschließend auf höchster
Stufe 1 Minute weiterbraten.

Zwiebel-Eier

3 El Öl oder Ghee
2 große Zwiebeln
1/2 TL Kreuzkümmelpulver
1/2 TL Garam Masala
3-4 Eier

Das Öl im Topf erhitzen.
Die Zwiebeln kleinschneiden und
im heißen Öl anbräunen.

Anschließend das Kreuzkümmelpulver
hinzufügen und gut mischen.

Garam Masala und die frischen Eier
in die Zwiebelmasse geben.
Salzen nach Geschmack.

Bei kleiner Flamme und geschlossenem
Deckel 5-6 Minuten garen.

Kirchererbsen-Curry

200 g Kichererbsen
3 EL Öl oder Ghee
1/2 TL Kreuzkümmel
1/4 TL Senfsamen
1/4 TL Kurkuma

Kichererbsen über Nacht einweichen.

Öl im Topf erhitzen und die Gewürze im heißen Öl anschwitzen.
Danach die Kichererbsen dazugeben und gut anbraten.

2 EL Tomatenpüree
1 TL Garam Masala
1/4 TL Chilipulver
1/2 TL Korianderpulver
50 g Joghurt

zu den Kichererbsen geben und gut durchrühren
und weiterbraten.

1/2 Tasse Wasser

dazugeben und bei kleiner Flamme
4 – 5 Min. fertiggaren.

Salz nach Belieben.

Auberginen-Curry

200 g Auberginen
4 EL Öl oder Ghee
1/4 TL Senfsamen
1/2 TL Kreuzkümmel
1/2 TL Kurkuma
1 EL Ingwerpaste
1 TL Garam Masala
1/2 TL Korianderpulver
1/2 Tasse Wasser
2 TL Salz

Die Auberginen klein schneiden und
in Salzwasser legen.

Öl im Topf erhitzen und Senfsamen, Kreuzkümmel
und Kurkuma im Öl anschwitzen. Auberginen
ohne Wasser dazugeben und bei geschlossenem
Deckel auf kleiner Flamme ca. 7 Minuten
braten (Vorsicht, brennt leicht an).

Ingwerpaste, Garam Masala,
Korianderpulver und Wasser
zu den Auberginen geben
und gut durchrühren.

Bei geschlossenem Deckel und kleiner
Flamme ca. 2 – 3 Minuten braten.

Danach Deckel öffnen,
Salz hinzufügen.
Deckel wieder schließen und
noch 1 Minute weiterbraten.

Bohnen-Curry

3 EL Öl oder Ghee
200 g Brechbohnen
1/2 TL Kreuzkümmel und
1/4 TL Kurkuma
1/2 TL Garam Masala

Öl im Topf erhitzen.
Kreuzkümmel und Kurkuma in Öl anbraten.

Die Bohnen dazugeben und gut weiterbraten.
Bei kleiner Flamme und geschlossenem Deckel ca. 8 Minuten köcheln.
Danach Garam Masala darüberstreuen.
Salzen nach Geschmack.

Chapati

250 g gesiebtes Vollkornmehl
alternativ: Chapatimehl oder Typ 1050
150 ml Wasser
1/2 TL Salz
50 g Butter zum Bestreichen
(Ergibt ca. 9 Stück)

Die Zutaten in einer Schüssel verkneten und etwa 1/4 Stunde stehen lassen. Danach nochmals gut durchkneten.

Aus dem Teig ca. 9 gleichgroße Bällchen formen, dabei die Hände mit Mehl bestäuben.

Auf einer leicht bemehlten Arbeitsplatte die Bällchen zu einem runden Fladen von etwa fünfzehn Zentimeter Durchmesser ausrollen.

In trockener, heißer Pfanne braten und den Fladen dabei immer wieder gegen den Pfannenboden drücken, bis sich Blasen bilden.

Wenn die Blasen auf beiden Seiten braun sind, den Chapati mit etwa einem viertel Teelöffel Butter bestreichen.

Khir (Milchreis)

1 L Milch (halb Milch und halb Sahne)
50 g Milchreis
1 EL Ghee oder Butter
3 EL Rohrzucker
1 Handvoll Cashewkerne
1 Handvoll Rosinen

Milch aufkochen, dabei ständig rühren
und ca. 10 Minuten einkochen lassen.

Dann den gewaschenen Milchreis dazugeben
und weitere 20 – 30 Minuten köcheln lassen.
Dabei immer wieder umrühren.

In der Zwischenzeit Ghee oder Butter
in einen Topf geben und schmelzen lassen.
Rohrzucker dazugeben und unter Rühren
auflösen.

Dann die Cashewkerne in die Butter-Zuckermischung geben und hellbraun
rösten. Den Topf vom Herd nehmen und die Rosinen zu den Nüssen geben
und schwenken.

Anschließend alles unter
den fertig gegarten
Milchreis geben.

Kesari (Grießbrei)

3 EL Ghee oder Butter
1/2 Tasse Rohrzucker
1 Tasse Hartweizengries
3 Tassen Milch

3 zerstoßene Kardamomkapseln
1 Handvoll Cashewkerne
1 Handvoll Rosinen

Ghee im Topf erhitzen, Zucker dazugeben und schmelzen, den Grieß zugeben und mit einem Kochlöffel 10 Minuten rühren bis der Gries goldbraun ist.

Den Topf von der Kochstelle nehmen und die erwärmte Milch mit den zerstoßenen Kardamonkapseln zu dem Gries geben und gut rühren.

Die Cashewkerne und die Rosinen zugeben und den Brei immer wieder umrühren und bei ganz schwacher Hitze ausköcheln lassen.

Den Brei kann man auch bei Bedarf in eine Kuchenform geben, erkalten lassen, stürzen und als Kuchen aufschneiden.

Chai

1 Teetasse Wasser
25 – 30 g Ingwer (Paste oder klein schneiden)
2 – 3 Kardamomkapseln in Mörser zerkleinern.
2 TL Schwarzteepulver oder 2 Beutel Darjeeling
1/2 Tasse Milch
Zucker nach Geschmack

Das Wasser in einen Topf geben,
Ingwer und Kardamom dazugeben,
aufkochen und 2 – 3 Minuten
weiterköcheln lassen.

Schwarzteepulver oder
Darjeeling dazugeben.

Bei geschlossenem
Deckel aufkochen
lassen.

Milch hinzufügen,
aufkochen und Zucker
nach Geschmack dazugeben.

Mango–Lassi

1 Glas Buttermilch
3 EL Mangopulp (Püree)
Zucker nach Geschmack

Die Zutaten miteinander verquirlen und kalt servieren.

Kleine Gewürzkunde

Curryblätter

Curryblätter werden meist zum Würzen von Currys und
Suppen verwendet. Sie sind mit Lorbeerblättern vergleichbar,
allerdings sind sie zarter als diese und können mitverzehrt
werden.

Getrocknete Blätter sind leichter zu bekommen als frische,
haben aber weniger Aroma. Für ein Curry werden die frischen bzw. getrockneten
Blätter ins Öl gegeben und geröstet bis sie knusprig sind.

Curryblätter beruhigen den Magen.

Ghee (Butterschmalz)

Ghee ist eine wichtige Zutat in der indischen Küche.

Wenn aus frischer Süßrahmbutter Eiweiß, Milch und Wasser herausgeköchelt wird, entsteht Ghee, ein goldenes Öl, das fettlösliche Vitamine im Körper transportiert und auch in der Lage ist, viele Schlacken und Toxine im Stoffwechsel zu binden und auszuleiten.

Ghee, eine ideale Zusammensetzung von essentiellen Fettsäuren, fördert die Entstehung des guten Cholesterins (HDL) und ist resistent gegen Freie Radikale, die in Verbindung mit Cholesterin Arteriosklerose fördern.

Ghee übt eine positive Wirkung auf die Leistung des Gehirns aus, es verbessert das Erinnerungsvermögen, die Lernkapazität und das Gedächtnis.
Es stärkt die Verdauungskraft Agni.

Für die Herstellung von 800 g Ghee werden 1 kg Butter benötigt.

Die Butter in einen Topf geben und bei kleinster Hitze zum Kochen bringen. Wenn die Oberfläche der Butter mit Schaum bedeckt ist, die Hitze reduzieren und ohne Deckel weiter köcheln lassen. Dabei immer den Schaum von der Oberfläche abschöpfen und darauf achten, dass das Ghee nicht braun wird. Wenn es goldgelb – wie flüssiges Öl – aussieht und keine Kochgeräusche mehr zu hören sind, ist es fertig. Dies kann bis zu einer Stunde dauern.

Das fertige Ghee kann ein bis mehrmals durch ein Sieb gegossen werden, in das vorher ein Leinentuch gelegt wurde. Fest verschlossen in Gläsern bleibt Ghee über Monate haltbar.

Ingwer

Ingwer findet in allen Bereichen der
indischen Küche Anwendung.

Beim Einkauf darauf achten, dass
der Ingwer frisch ist, rund und
nicht runzlig, festes Fleisch hat
und möglichst wenig fasert.

Bevor Ingwer verwendet wird,
schält man die Haut mit einem
scharfen Messer. Ingwer kann
auch gerieben werden.

Ingwerpulver kann frischen Ingwer nicht ersetzen.

Ingwer wird auch als Heilmittel gegen Koliken und Verdauungsstörungen verwendet.
In kleinen Mengen gegessen, heilt er Magenschmerzen.

Ingwertee sowie auch Ingwerwasser ist ein hervorragendes Mittel gegen Erkältungen.

Ingwerpaste

Ingwerknolle schälen und klein schneiden.
In Mixer mit etwas Wasser pürieren und in ein Schraubglas geben.
Die Ingwerpaste ist immer griffbereit und hält ca. 4 Wochen.

Kardamom

*Ihre grüne oder schwarze Frucht ist eine Kapsel, in der die Samen –
das Gewürz – enthalten sind.*

*Kardamon wird sowohl für Reis– und Gemüsegerichte, als auch für süße Gerichte
verwendet. Für einige Gerichte muss die Kapsel geöffnet werden, dann wird
nur der Samen verwendet.*

*Wenn Sie die ganzen Kapseln mitgekocht haben, dann nehmen Sie
sie vor dem Servieren heraus.*

Kreuzkümmel

Kreuzkümmel ist eines der wichtigsten
Gewürze der indischen Küche.

Die Pflanze ähnelt äußerlich dem
Wiesenkümmel; die Samen, die als
Gewürz verwendet werden, sind jedoch
von bitterscharfem Geschmack und
duften nach Kampfer.

Als Heilpflanze ist Kreuzkümmel schon seit der Antike bekannt.
Die Samen enthalten 3 % ätherisches Öl und verschiedene Bitterstoffe
und wirken appetitanregend.

Garam Masala

Eine Gewürzmischung aus
verschiedenen gerösteten und
gemahlenen Gewürzen, die Sie in
Asien-Läden auch fertig kaufen
können.

Findet in vielen vegetarischen
Gerichten Verwendung.

Koriander

Auch Koriander gehört zu den wichtigsten Gewürzen der indischen Küche. Die im Koriander enthaltenen Öle helfen bei der Verdauung von stärkehaltigen Speisen und Wurzelgemüse.

Koriander gibt es ganz oder gemahlen. Korianderkörner werden vor Gebrauch meistens gemahlen und verleihen dem Essen ein frisches, frühlingshaftes Aroma.

In Asien wird Koriander gegen Kopfschmerzen und Bindehautentzündung eingesetzt.

Kurkuma

Kurkuma, auch Gelbwurz genannt, ist der
Wurzelstock der in Südindien beheimateten, mit Ingwer verwandten Kurkumapflanze.

Gemahlenes Kurkuma hat eine kräftig gelbe Farbe und ist ein wichtiger Bestandteil des
Currypulvers. Kurkuma würzt fast alle indischen Gerichte und ist auch sehr wichtig in
der vegetarischen Küche.

In der ayurvedischen Medizin gilt Kurkuma als harntreibendes Mittel, außerdem wirkt
es appetitanregend und verdauungsfördernd.

Bei Erkrankungen von Galle und Leber und zur Anregung der Magensaftresektion ist
Kurkuma eine erprobte Heilpflanze. Besonders interessant ist die starke antioxidative
Wirkung, die vor degenerativen Erkrankungen und chronischen Entzündungen schützen
kann.

Kurkuma wird auch gegen Rheuma empfohlen. Es wurden Verbesserungen der
Gelenkschwellung, Morgensteifigkeit, der Gelenke oder Gehfähigkeit festgestellt.
Auch im menschlichen Körper wirkt das Gewürz als Antioxidanz, indem sog. Freie
Radikale neutralisiert werden, und so z.B. bei chronischen Erkrankungen wie der
koronaren Herzerkrankung helfen.

Tamarinde

Das Fruchtmark des
Tamarindenbaumes wird
zum Abschmecken einiger
Gerichte verwendet, es
gibt den Speisen einen leicht
säuerlichen Geschmack.
In Indien werden auch Chutneys
und Saucen damit gemacht.

Die zimtfarbenen, fünf bis zehn Zentimeter langen Früchte werden in der Sonne
getrocknet, die brüchige Schale sowie die Kerne werden entfernt.

Im Handel gibt es auch eine Tamarindenpaste. Diese wird in einer halben Tasse
Wasser eingeweicht. Nach einer halben Stunde lässt sich die Paste im Wasser auflösen
und kann dem Gericht beigegeben werden.

Schneiden oder brechen Sie vor Gebrauch das Fruchtfleisch in kleine Stücke.
Kochen Sie die Stücke für etwa zehn Minuten in einer kleinen Menge Wasser,
bis sie weich werden und zerfallen (ungefähr 1/4 Liter Wasser auf 20 g Tamarinde).
Pressen Sie dann so viel wie möglich von dem Fruchtfleisch durch ein Sieb.
Behalten Sie die Flüssigkeit und werfen den faserigen Rest, der in dem Sieb
zurückgeblieben ist, weg. Wenn Sie keine Tamarinde bekommen, können Sie mit
einer Mischung aus Zitronensaft und braunem Zucker einen ähnlichen
Geschmack imitieren.

© Innere Studien Verlags AG, München
www.innere-studien.de

niedergeschrieben und bearbeitet
von Marianne Vetter

Satz, Gestaltung und Fotos:
Michael Joschko
Fotos Seite 1 & 41: Willi Vetter;
Seite 25: Photocase

Druck: Welzel+Hardt, Wesseling

1. Auflage 2008

ISBN 9783939 546092